www.ingramcontent.com/pod-product-compliance
Lightning Source LLC
LaVergne TN
LVHW021227080526
838199LV00089B/5842

دریاروِاں رہے

(مجموعہ کلام)

حیات لکھنوی

© Hayat Lakhnavi

Dariya RawaaN rahe *(Poetry)*

by: Hayat Lakhnavi

Edition: November '2024
Publisher :
Taemeer Publications LLC (Michigan, USA / Hyderabad, India)

ISBN 978-93-5872-227-7

9 789358 722277

مصنف یا ناشر کی پیشگی اجازت کے بغیر اس کتاب کا کوئی بھی حصہ کسی بھی شکل میں بشمول ویب سائٹ پر
اَپ لوڈنگ کے لیے استعمال نہ کیا جائے۔ نیز اس کتاب پر کسی بھی قسم کے تنازع کو نمٹانے کا اختیار
صرف حیدرآباد (تلنگانہ) کی عدلیہ کو ہو گا۔

© حیات لکھنوی

کتاب	:	**دریا رواں رہے** (مجموعہ کلام)
مصنف	:	**حیات لکھنوی**
صنف	:	شاعری
ناشر	:	تعمیر پبلی کیشنز (حیدرآباد، انڈیا)
سالِ اشاعت	:	۲۰۲۴ء
صفحات	:	۱۱۴
سرورق ڈیزائن	:	تعمیر ویب ڈیزائن

دریا رواں رہے (شاعری)　　　　حیات لکھنوی

محترم

صادق بھائی

کے نام

میری کشتی ہے تیرے حوالے خدا
ڈوبتا جا رہا ہوں بچا لے خدا

کیسا یہ وقت آن پڑا یا علیؑ مدد
بھائی ہے بھائیوں سے جُدا یا علیؑ مدد

پھر چارسُو ہے فتنۂ محشر کا سامنا
ناسازگار پھر ہے فضا یا علیؑ مدد

یوں اُٹھ رہی ہیں جبر و تشدد کی آندھیاں
جیسے غبارِ کرب و بلا یا علیؑ مدد

جلتے ہوئے گھروں کو بُجھانے کے واسطے
شعلوں سے آ رہی ہے صدا یا علیؑ مدد

کیسا ستم ہے اپنے بزرگوں کے رو بہ رو
چھنتی ہے بیٹیوں کی رِدا یا علیؑ مدد

اپنی تباہیوں کا کہیں حال کس سے ہم
رہزن ہیں اپنے راہ نما یا علیؑ مدد

محرومیوں نے حوصلے مسمار کر دیے
اُٹھتے نہیں ہیں دستِ دعا یا علیؑ مدد

دم بھر میں اُس کی مشکلیں آساں ہوئیں حیاتؔ
جس نے خلوصِ دل سے کہا یا علی مدد

ترتیب

آگہی نغمہ سرا	پروفیسر قمر رئیس	۹
غزلیں		۱۷ تا ۶۱
نظمیں:		
تشخص		۶۳
سایہ		۶۵
سفر خوابوں کا		۶۷
یک جہتی		۶۸
رشتہ		۶۹
روپ کنور کے نام		۷۱
یکم جنوری		۷۳
خلفشار		۷۵
روایت		۷۶
ہم وطن پردیسی کے نام		۷۷
زوالِ شہریت پر ایک نظم		۷۹
کبھی سوچا نہیں ہم نے		۸۰

آواز کا جسم ۸۱
کہو وہ شخص کیسا ہے؟ ۸۳
ایک پورٹریٹ ۸۴
اُجالا اُس کی قسمت ہے ۸۵
پیمانِ وفا ۸۷
سیّاں پیر ۸۹
تلاش ۹۱
قناعت ۹۳
عید ۹۵
یکم مئی ۹۷
فریبِ آگہی ۹۹

رفتید ولے نہ از دلِ ما:

ایک غیر معمولی موت ۱۰۱
ایک آفتاب... ۱۰۳
کشتی رواں تھی... ۱۰۶
لہو لہو ہے فضا... ۱۰۷
... مکمل آدمی تھا ۱۰۹
... خدا کے گھر وہ گیا ۱۱۱

آگہی نغمہ سرا

حیاتؔ لکھنوی کا ایک شعر ہے :

ہر شخص آگہی کا ہے پُتلا بنا ہوا
کوئی کسی کے نقشِ قدم پر نہ جائے گا

یہ دور اگر ایک طرف آشوبِ آگہی کا دور ہے تو دوسری طرف اس کی پہچان آگہی کی فردیت سے ہوتی ہے۔ ہر ذی حس انسان اپنے احساس وادراک کے حوالے سے اپنی پہچان پر اصرار کر رہا ہے۔ بنی بنائی راہوں پر چلنے سے اسے وہ اعتماد اور اطمینان میسّر نہیں ہوتا جو کھلے میدان میں اپنے لیے ایک الگ پگڈنڈی بنانے سے ہوتا ہے۔ اپنے گیان یا عرفان کا یہ احساس نئی تخلیقی راہیں ہموار کرتا ہے۔

حیاتؔ لکھنوی کے کلام کا مطالعہ کرتے ہوئے پہلا تاثر یہی ہوتا ہے کہ انھوں نے کسی دبستان، تحریک یا رجحان سے شعوری اثر قبول نہیں کیا۔ ان کے والد حضرت عزیزؔ لکھنوی تو ان شعرائے اکابر میں تھے جنھوں نے اُردو غزل کو دبستانوں اور شخصی مکتبوں کی زنجیروں سے آزاد کر کے اُسے حقیقی شاعری کے بلند منصب سے آشنا کرانے کی کوشش کی۔ اور اس سعیٔ بلیغ میں بڑی حد تک کامیاب بھی ہوئے۔ حیاتؔ لکھنوی کی روشنیٔ طبع اور دولتِ احساس، ان کی آگہی کے اصل سرچشمے ہیں۔ وہ ان کی سچّائی پر اعتماد کرتے ہیں، اس سے ان کے تخیّل کی سیرابی بھی ہوتی ہے اور اسی سے درد کی نادیدہ لذّتیں ان کے لہو میں گھل جاتی ہیں۔ جو اُن کے اشعار میں غنائی پیکر سجاتی ہیں۔ کمار پاشی نے انھیں "خوشبو کا محافظ"

کہا ہے۔ بے شک ان کے کلام میں نازک احساسات کا ترشح کبھی کبھی لطیف خوشبو کا تاثر دیتا ہے لیکن ان کے کلام میں ایسے پیکر بھی ملتے ہیں جو سامعہ یا لذتِ گوش کی انجانی کیفیتیں جگاتے ہیں۔ اور کہیں کہیں ایک ہی تجربہ شامہ اور سامعہ دونوں کے امتزاج سے ایک نئی جمالیاتی کیفیت بیدار کرتا ہے۔

یہ چند اشعار دیکھئے :

منزلوں تک مہک فضا میں تھی
کتنی خوشبو تری صدا میں تھی

یہ زمیں جیسے گنگناتی ہو
نغمگی وہ صدائے پا میں تھی

نکلا نہیں ہوں اب بھی صدا کے حصار سے
اپنے شجر کے سارے پرندے اڑا کے میں

بہت دنوں سے فضاؤں میں کچھ گھٹن سی تھی
تمہارے آنے سے موسم تو خوشگوار ہوا

پھر چھڑے ذکر خوش جمالوں کا
پھر وہی رنگِ خوش بیانی ہو

اُڑانے والی ہوا بادلوں کو کیا جانے
زمیں کے کتنے تقاضے گھٹائیں رکھتے تھے

زبان کھولوں تو چنگاریاں فضائیں اُڑیں
جو چُپ رہوں تو سلگنے لگے بدن میرا

مجموعہ کی ابتدائی چند غزلوں میں ہی یہ اشعار نظر آئے تو محسوس ہوا کہ حیات لکھنوی کے جمالیاتی اور حسیاتی نظام کے دروبست میں شاید آواز کو نمایاں اہمیت حاصل ہے۔

کسی قوم کا تشخص، اس کی تاریخ سے تو فرد کا اس کی یادوں سے ہوتا ہے۔ یادیں اس کے وجود میں دریا کی طرح بہتی ہیں۔ لیکن اس دریا کی کئی سطحیں ہوتی ہیں۔ کوئی سطح سلسبیل ہے تو کوئی آگ کی طرح دہکتی ہے اور گہرائی میں کہیں کہیں کئی دھارے ایک دوسرے سے متصادم ہوتے ہیں، ایک دوسرے کو کاٹتے ہیں۔ حیات لکھنوی کی شاعری میں یادوں کی یہ گنگا اپنی وسعت کے بجائے تہ داری سے پہچانی جاتی ہے۔ یہ یادیں کبھی کبھی لاشعور کی تہوں میں غوطہ لگا کر اُبھرتی ہیں تو اُن کی خواب گوں کیفیت میں تہذیبوں کے زوال کا کرب چھپا نظر آتا ہے۔ تہذیبیں جو تاریخ کی طغیانیوں سے بے نشان، بے چہرہ ہو جاتی ہیں۔

منزلوں سے جُدا ہو گیا ہوں
دھند جیسی فضا ہو گیا ہوں
میری پہچان کوئی نہیں ہے
اجنبی راستہ ہو گیا ہوں

کس کی آواز اُبھر آئی سکوتِ شب میں
کس کا سایہ در و دیوار سے تنہا نکلا
ایسا محسوس ہوا اُجڑی فضا میں مجھ کو
جیسے اس دشت سے میرا کوئی رشتہ نکلا

اور اسی غزل کا یہ شعر دیکھئے جو ان کے حیات پرور تخلیقی تخیل کا افسوں ہے:

کسی ٹھہرے ہوئے موسم میں کوئی رنگ کہاں
جب فضا بدلی تو موسم بھی سہانا نکلا

یہ کہنے کی ضرورت نہیں کہ میری طرح حیات لکھنوی نے بھی لکھنؤ کی نئی تہذیب کا عروج اور آزادی کے بعد اس کا انہدام اپنی آنکھوں سے دیکھا۔ شامِ اودھ کی رنگینیاں، چوک کی دلفریبیاں، حضرت گنج کی شائستہ رونقیں، بنارسی باغ دلکشا اور قیصر باغ کی دلداریاں، مشاعروں کے ادب آداب اور نکتہ سنجیاں، ادبی نشستوں اور کافی ہاؤسوں کی فکر انگیز بحثیں ـــــــ سب خواب و خیال ہو گئے۔ یہ اودھ کی تہذیب کا دوسرا زوال تھا۔ اور اب تو ایسا لگ رہا ہے جیسے اُس زمین کے آغوش سے کبھی کوئی ایسی تہذیب جنم نہیں لے گی جس کا اپنا کردار ہو اپنا تشخص ہو۔

جس زمیں میں میں نے اپنا خون بویا ہے حیات
اُس زمیں کو کہہ رہے ہیں لوگ بنجر کس لیے

یادوں کی دھوپ چھاؤں میں اُداسی کی لکیریں الگ پہچانی جاتی ہیں۔ ان میں احساسِ زیاں ہے، کرب مایوسی نہیں۔ محرومیوں کا درد خود آگہی کو سنوارتا، لذت آفریں خواہشوں کو جنم دیتا اور اس طرح زندگی کے سلسلۂ عمل پر اعتماد بخشتا ہے۔ اسی لیے روشنی اور سورج کی علامتیں ان کے اشعار میں بار بار ابھرتی ہیں۔ یہ توانا احساس حیات صاحب کی شاعری میں فکر و احساس کے بڑے اچھوتے اور COSMIC پیکر فروزاں کر دیتا ہے۔

ایک منظر بھی تباہی کا بھلایا نہ گیا
مجھ سے اُجڑی ہوئی بستی کو بسایا نہ گیا
نہ وہ موسم نہ گھنی چھاؤں نہ وہ شادابی
میرے سر سے مگر اس پیڑ کا سایہ نہ گیا

سُونے سُونے، اُجڑے اُجڑے سے گھروں میں لے چلو
مجھ کو میرے روز و شب کے منظروں میں لے چلو

مسرتوں سے فضائیں محیط ہیں لیکن
اُداسیوں کا دلوں میں پڑاؤ کیسا ہے

سمندر دور تک پھیلا ہوا ہے
کبھی اُبھروں، کبھی میں ڈوب جاؤں

ہیں شہر شہر کی حیرانیوں سے گزرا ہوں
مرا وجود بھی شاید عجائبات میں تھا

حیاتؔ ڈھونڈ رہا ہوں وہ لکھنؤ کہ جہاں
شرافتوں کا اثاثہ تکلفات میں تھا

صرف وہی تخلیق کار اپنے ماحول، اپنے گردو پیش سے بیگانہ ہو سکتا ہے جو ایک مریضانہ ذہن اور غیر متوازن اعصابی نظام رکھتا ہو۔ حیاتؔ لکھنوی ان شعرا میں نہیں جو

اپنے وجود کی سیاحت کو ہی تخلیقی حسیت کا جوہر سمجھتے ہیں۔ ان کی خود آگہی زندگی کے نشیب وفراز سے ان کا رشتہ استوار رکھتی ہے۔ ان کے گوناگوں تجربات نے انھیں زندگی کی سچائیوں سے آنکھیں چار کرنے اور انھیں شفاف شعری پیکروں میں ادا کرنے کا سلیقہ دیا ہے۔ مذہب کے نام پر بہیمیت کا رقص، بے گناہوں کا بہتا لہو، جلتے بدن، خوف کے عفریت، سیاست کے ہاتھوں دلوں میں اُٹھیں نفرتوں کی کالی آندھیاں، اس مجموعہ کے بہت سے اشعار میں یہ منظر منجمد ہو گئے ہیں۔

میرے لیے ہے چاروں طرف نفرتوں کی آگ
مجرم ہوں ایک جلتا ہوا گھر بچا کے میں

جلتے ہوئے گھروں کو بجھانے کے واسطے
شعلوں سے آ رہی ہے صدا یا علیؑ مدد

روز کہتا ہوں میں سب سے متحد ہو کر رہو
روز گلیوں میں چمک اُٹھتا ہے خنجر کس لیے
اس بھری بستی میں مجھ پر خوف سا طاری ہے کیوں
رات دن منڈلا رہا ہے سر پہ خنجر کس لیے

اب لہو کے رنگ کی برسات ہے
موسموں میں کوئی سازش ہو گئی

سماجی احساس سے مملو اشعار میں کہیں کہیں طنز کی ہلکی سی لہر تیکھا پہلو پیدا کر دیتی ہے۔ اس طرح شعر کا تاثر بڑھ جاتا ہے۔ ایسے اشعار کہیں بھی بے رنگ یا سپاٹ نہیں ہوتے۔

"دریا رواں رہے" میں چند نظمیں بھی شامل ہیں۔ ان میں سے بیشتر نظمیں شاعر کی تنہائی، اس کی داخلی منظر آرائی، اس کی محرومیوں اور دکھوں کی کہانی سناتی ہے۔ کچھ دوستوں کے خاکے ہیں کہیں احساس کے تراشے ہیں۔ جیسے وہ اپنے آپ سے باتیں کر رہا ہو۔ ان دھندلے چہروں کو تلاش کر رہا ہو جو اسے عزیز ہیں۔ ان نظموں کی نیم روشن فضا بھی غزلوں سے مختلف نہیں ہے۔ اس سلسلہ کی شاہکار نظم "سایہ" ہے۔ جو ایک طرح سے شاعر کی زندگی اور فلسفۂ زندگی کا بلیغ استعارہ ہے۔ نشاط و غم کے حریر دو رنگ سے عبارت یہ زندگی پرچھائیوں کا پیکر سہی مگر جینے کے لائق ہے۔ نظم کی مرکزی علامت سایہ ایک غیر مرئی مگر متحرک قوت ہے۔

وہی سایہ
وہی ضدی اندھیرا
ذہن میں سورج اُگاتا ہے
مرے چاروں طرف منظر سجاتا ہے
مجھے جینا سکھاتا ہے

یہ مجموعہ بھی ایسی دھڑکتی آگہی کا شعری اظہار ہے جو قاری کو کیف و نشاط کے ساتھ ساتھ آشوب حیات کا عرفان بخشتا ہے۔

(پروفیسر) قمر رئیس

۱۴ مارچ ۱۹۹۲ء

دریا رواں رہے (شاعری) حیات لکھنوی

غزل

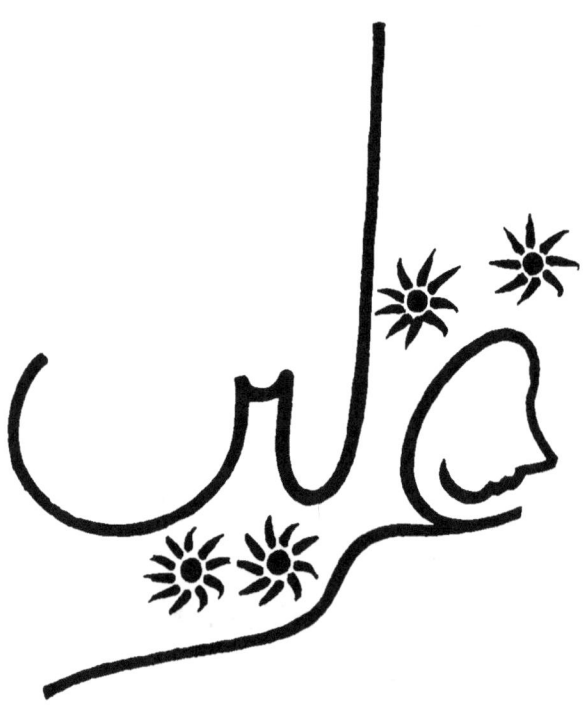

۱۷

○

منزلوں تک مہک فضا میں تھی
کتنی خوشبو تری صدا میں تھی

میرے سر پر غبار صدیوں کا
میری منزل نقوشِ پا میں تھی

سر کھلا داستاں کے باب کھلے
بے کسی بے زباں رِدا میں تھی

مختلف ہو گیا تھا دستِ سوال
آرزو میری بھی گدا میں تھی

۱۸

کوئی کیسے یقین کر لیتا
اُس کی جو بات تھی ہوا میں تھی

جیسے بڑھتی ہوئی چراغ کی لو
زندگی اُس کی ہر ادا میں تھی

یہ زمیں جیسے گنگناتی ہو
نغمگی وہ صدائے پا میں تھی

کون اُس کا قصوروار نہ ہو
اس کی ہر اک سزا جزا میں تھی

ایسا محسوس ہو رہا ہے حیات
بد دعا جیسے ہر دُعا میں تھی

○

بیٹھا نہیں تھا اُجڑا ہوا گھر سجا کے مَیں
تھا کربِ انتظار میں اُس کو بُلا کے مَیں

مایوسیاں ہیں، اس میں انا کا سوال کیا
نادم ہوا ہوں دستِ طلب کو بڑھا کے مَیں

بے نام خواہشوں کی طرف دیکھتا ہے کون
کس سمت جاؤں بارِ تمنّا اُٹھا کے مَیں

میرے لیے ہے چاروں طرف نفرتوں کی آگ
مجرم ہوں ایک جلتا ہوا گھر بچا کے مَیں

۲۰

نکلا نہیں ہوں اب بھی صدا کے حصار سے
اپنے شجر کے سارے پرندے اُڑا کے مَیں

بدلی ہوئی فضا نے مجھے کر دیا نڈھال
سمجھا تھا کامیاب ہوں فصلیں اُگا کے مَیں

جب زندگی سے ترکِ تعلق کا ہے سوال
اب اور کس کو دیکھوں گا اپنا بنا کے مَیں

میرا وجود اُس کی نظر میں نہیں حیاتؔ
لایا تھا جس کو سب کی نظر سے بچا کے مَیں

کب قابلِ تقلید ہے کردار ہمارا
ہر لمحہ گزرتا ہے خطاوار ہمارا

مرنا بھی جو چاہیں تو وہ مرنے نہیں دے گا
جینا بھی کیے رہتا ہے دشوار ہمارا

اچھا ہے اِدھر کچھ نظر آتا نہیں ہم کو
جو کچھ بھی ہے وہ سب پسِ دیوار ہمارا

اک روز تو یہ فاصلہ طے کر کے رہیں گے
ہے کب سے کوئی منتظر اُس پار ہمارا

۲۲

کوئی تو یہ تنہائی کا احساس مٹائے
کوئی تو نظر آئے طرفدار ہمارا

پھر شہر کو نفرت بھری خبروں نے لپیٹا
پھر دیر سے آنے لگا اخبار ہمارا

ہم تبصرہ کرتے رہے اوروں کی انا پر
ہم کو نظر آتا نہیں پندار ہمارا

قسمت سے بدلتی ہی رہی اپنی سکونت
کب شہر میں ہوگا کوئی گھربار ہمارا

ہم کو یہ خوشی ہے کہ اِدھر آئے تو پتھر
ہے شہر میں کوئی تو طلب گار ہمارا

ہم نے تو حیاتؔ آس لگائی ہے خدا سے
ہے اُس کے سوا کون مددگار ہمارا

وہم و گماں میں بھی کہاں یہ انقلاب تھا
جو کچھ بھی آج تک نظر آیا وہ خواب تھا

پائے مُراد پا کے وہ بے حال ہو گیا
منزل بہت حسین تھی رستہ خراب تھا

چہرے کو تیرے دیکھ کے خاموش ہو گیا
ایسا نہیں، سوال ترا لاجواب تھا

اُس کے پروں میں قوتِ پرواز تھی مگر
ان موسموں کا اپنا بھی کوئی حساب تھا

۲۴

اُس کی عنایتیں بھی رہیں میرے حال پر
میں بھی سمجھ رہا تھا کہ میں کامیاب تھا

آنکھوں میں زندگی کی طرح آبسا ہے وہ
میری نظر میں پہلے جو منظر خراب تھا

جیسے ہوا کا جھونکا تھا آکر گزر گیا
وہ شخص اس کے بعد کہاں دستیاب تھا

کچھ سُن رہے تھے اور تو سب سو گئے تھے لوگ
اُس کی زباں پہ جیسے پُرانا نصاب تھا

سارا کلام اُس کے حوالے ہوا حیات
جس کا وجود خود بھی مکمل کتاب تھا

۲۵

○

مہک کردار کی آتی رہی ہے
صداقت پھول برساتی رہی ہے

ستاروں نے کہی تیری کہانی
سُہانی شب تجھے گاتی رہی ہے

نظر کس زاویے پر جاکے ٹھہرے
قیامت ہر ادا ڈھاتی رہی ہے

مزاج ہر ایک سے ملتا نہیں ہے
طبیعت اپنی گھبراتی رہی ہے

۲۶

جہاں اپنا لہو بوتا رہا ہوں
وہ بستی مجھ سے کترا تی رہی ہے

سلگتی چیختی پیاسی زمیں پر
گھٹا گھنگھور بھی چھائی رہی ہے

جو میرے سامنے ہر دم رہا ہے
اُسی کی یاد بھی آتی رہی ہے

تجھی سے تو فضائے دل ہے رنگیں
تری خوشبو ہی مہکاتی رہی ہے

حیاتؔ اُس سمت سے آتی ہوا بھی
پیامِ زندگی لاتی رہی ہے

ڈھلا جو دن تو اندھیرے فضا میں رکھّے تھے
اُداس شام کے جھونکے ہوا میں رکھّے تھے

جو زندگی کی جھلک ایک ہو بیاں کر دوں
ہزار رنگ تو اُس کی ادا میں رکھّے تھے

کچھ اعتماد ہو عزمِ عمل کی منزل میں
ہمارے حوصلے دستِ دعا میں رکھّے تھے

بچانے والے جلانے لگے تھے گھر اپنے
کسی کے خواب جھلستی صدا میں رکھّے تھے

۲۸

روش روش پہ جھلکتا رہا بدن اُس کا
نہ جانے کتنے ستارے قبا میں رکھتے تھے

اندھیری رات کی تنہائیوں میں بکھرے ہیں
کہ جیسے یاد کے جگنو گپھا میں رکھتے تھے

ہمارا حال بیاں کر رہی تھی اُس کی زباں
ہمارے ہاتھ بھی دستِ گدا میں رکھتے تھے

اُڑانے والی ہوا بادلوں کو کیا جانے
زمیں کے کتنے تقاضے گھٹا میں رکھتے تھے

حیاتؔ حُسنِ بیان کی لطافتوں میں ڈھلے
غموں کے عکس جو حرف و نوا میں رکھتے تھے

○

جینے کے اسباب ہمارے ساتھ رہے
جھوٹے سچّے خواب ہمارے ساتھ رہے

ساحل کی پُرکیف فضا تھی ساحل تک
منظر سب غرقاب ہمارے ساتھ رہے

اپنی بربادی کو برسوں بیت گئے
کشتی اور گرداب ہمارے ساتھ رہے

ہم نے خوشیاں کب پائی تھیں یاد نہیں
لمحے سب بیتاب ہمارے ساتھ رہے

۳۰

رنگ برنگی تہذیبوں کے میلے میں
اپنے سب آداب ہمارے ساتھ رہے

پیاس بُجھانے صحرا صحرا بھٹکے ہم
رشتے سب سیراب ہمارے ساتھ رہے

دُور سفر کو رخصت کرنے آئے تھے
چہرے وہ شاداب ہمارے ساتھ رہے

ہم سے ہوں وہ چاہے کتنی دُور حیاتؔ
اپنے سب احباب ہمارے ساتھ رہے

آؤ پوچھیں کوئی کہانی ہو
اُس کی خاموشی بدگمانی ہو

یہ سمندر اُسی کا ہوتا ہے
جس سفینے میں کچھ روانی ہو

شعلۂ تشنگی جلائے اُسے
اور ہر سمت اُس کے پانی ہو

اب وہ یوں بے دلی سے ملتا ہے
جیسے اک رسم سی نبھانی ہو

۳۲

کون اُس کو سنوار سکتا ہے
جس کی قسمت ہی خاک اُڑانی ہو

پھر سجے بزمِ رفتگاں یارو
داستاں پھر کوئی پُرانی ہو

پھر چھڑے ذکر خوش جمالوں کا
پھر وہی رنگِ خوش بیانی ہو

پھر وہی شام جگمگائے حیاتؔ
زندگی پھر کبھی سُہانی ہو

چاند، سورج، پیڑ، ندیاں اور سمندر کس لیے
چار سُو اُس نے سجائے ہیں یہ منظر کس لیے

روز کہتا ہوں میں سب سے متحد ہو کر رہو
روز گلیوں میں چمک اُٹھتا ہے خنجر کس لیے

زندگی بھر کے سفر میں کیا ملا ہے آپ کو
میں چلوں پھر آپ کے نقشِ قدم پر کس لیے

جن کے سر جھکتے رہے ہیں دوسروں کے سامنے
میں جھکاؤں اب اُنہی کے سامنے سر کس لیے

۳۴

جب مجھے معلوم ہے وہ غور سے سُنتا نہیں
پھر کروں میں زحمتِ عرضِ مکرّر کس لیے

جب مجھے اپنے کیے کی روز ملنی ہے سزا
تو نے پھر رکھا ہے یارب روزِ محشر کس لیے

اس بھری بستی میں مجھ پر خوف سا طاری ہے کیوں
رات دن منڈلا رہا ہے سر پہ خنجر کس لیے

جس زمیں میں مَیں نے اپنا خون بویا ہے حیاتؔ
اُس زمیں کو کہہ رہے ہیں لوگ بنجر کس لیے

۳۵

○

سمندروں کا سفر ہے گزر کے جائے کہاں
کوئی بھی سطح سے اپنی اُبھر کے جائے کہاں

اُسے بُلا تو رہے ہو کچھ اہتمام کرو
بلندیوں سے وہ اُترے اُتر کے جائے کہاں

گھری ہوئی ہے دُکھوں سے فصیلِ عمرِ رواں
مصیبتوں سے یہاں کوئی ڈر کے جائے کہاں

کھُلی فضا بھی مقدر بدل نہیں سکتی
قفس نصیب یہ بے بال و پر کے جائے کہاں

۳۶

نظر میں چاروں طرف حسرتوں کے سائے ہیں
وہ اپنا دامنِ اُمید بھر کے جائے کہاں

ہمیشہ اُس کو ملی عافیت اُڑانوں میں
کوئی پرندہ زمیں پر ٹھہر کے جائے کہاں

یہ بام و در کی گھٹن کا حصار کچھ بھی نہیں
مگر حیاتؔ بجز اپنے گھر کے جائے کہاں

لمحہ لمحہ مرا دشوار بنا دیتا ہے
کون آنگن میں یہ دیوار بنا دیتا ہے

ایک پل میں وہ مٹا دیتا ہے ساحل کے نشاں
اور منجدھار کو پتوار بنا دیتا ہے

مجھ سے کہتا ہے جو گزرے وہ چھپائے رکھنا
جب سرا پا مجھے اظہار بنا دیتا ہے

میری ڈھارس کے لیے وہ مرے اُجڑے پن میں
خوشنما سے در و دیوار بنا دیتا ہے

ایک حالت پہ ٹھہرتا ہی نہیں اپنا مزاج
کون ہے مجھ میں جو کردار بنا دیتا ہے

پارسائی بھی وہاں کام نہ آئے گی حیاتؔ
وہ بہرحال خطاوار بنا دیتا ہے

یہ تبصرہ ہے نئے دور کے قرینوں پر
محل بنا ہے روایات کے دفینوں پر

نظر نواز مکاں بولتے در و دیوار
کسے خبر ہے گزرتی ہے کیا مکینوں پر

جسے بھی دیکھئے زخموں سے چُور ملتا ہے
یہ پتھروں کی نوازش ہے آبگینوں پر

میں چُپ رہا تو زمانے کے طنز تھے مجھ پر
زبان کھولی تو بَل پڑ گئے جبینوں پر

یہ زندگی کا سمندر تو پار ہو جائے
مگر کسی کو بھروسہ نہیں سفینوں پر

۳۹

○

جو بحرِ غم کے تھپیڑوں سے ہمکنار ہوا
وہ زندگی کا سفینہ ندی کے پار ہوا

بہت دنوں سے فضاؤں میں کچھ گھٹن سی تھی
تمھارے آنے سے موسم تو خوشگوار ہوا

قدم قدم پہ اندھیرے پرے جماتے ہیں
یہ روشنی کا سفر کس کو سازگار ہوا

بسا ہوا تھا جو آنکھوں میں زندگی بن کر
پلک جھپکتے ہی جانے کہاں فرار ہوا

۴۰

جنوں جُھلستی فضا میں کہاں نکھرتا ہے
بہار آئی گریباں بھی تار تار ہوا

میں انتظار کی محرومیوں میں تھا لیکن
تم آ گئے ہو تو اپنا بھی اعتبار ہوا

نہ جانے کیوں مجھے محسوس ہو رہا ہے حیاتؔ
کہ مجھ سے مِلنا اُسے آج ناگوار ہوا

○

ہوائے وقت اُڑا لے گئی چلن میرا
خلا میں ڈھونڈ رہا ہے مجھے وطن میرا

زبان کھولوں تو چنگاریاں فضا میں اُڑیں
جو چُپ رہوں تو سلگنے لگے بدن میرا

یہ سامنے جہاں بے منظری کا ڈیرا ہے
یہیں کہیں تھا مہکتا ہوا چمن میرا

اُسی نے طنز کیے میری بے لباسی پر
جو اپنے تن پہ سجائے تھا پیرہن میرا

تمام عمر کا حاصل اُسی کو میں سمجھوں
تری زباں سے ادا ہو اگر سخن میرا

جو میرے دل پہ گزر جائے وہ بیاں کردوں
حیاتؔ ہے یہی مقصد برائے فن میرا

○

کیسے سمجھاؤں میں تجھ کو اے وفا نا آشنا
اپنی تاثیروں سے۔ ہے تیری ادا نا آشنا

میں جہاں آواز دیتا ہوں کوئی سُنتا نہیں
جیسے مجھ سے ہوگئی ساری فضا نا آشنا

سلسلہ کوئی نہیں ہے عبد اور معبود میں
مُدعا سے ہوگیا دستِ دعا نا آشنا

کس طرف بارش ہوئی ہے کس طرف شعلے اُٹھے
اس حقیقت سے رہی موجِ ہوا نا آشنا

قربتیں یوں دوریوں میں ہوگئیں اُوجھل حیاتؔ
ایک سے لگنے لگے سب آشنا نا آشنا

۴۳

○

مل کے بیٹھیں بھی تو آپس میں کوئی بات نہ ہو
اس سے بہتر ہے کبھی ایسی ملاقات نہ ہو

منجمد ایک سا منظر تو نگاہوں سے ہٹے
اور جو کچھ بھی ہو یہ صورتِ حالات نہ ہو

دوستی میں کبھی اَن بَن بھی ہوا کرتی ہے
دوستی کیا ہے اگر گرمیِ جذبات نہ ہو

پہلے یہ غور کرو پھر کوئی چہرہ ڈھونڈو
اپنا چہرہ ہی پسِ پردۂ ظلمات نہ ہو

۴۴

نہ کوئی خواب، نہ یادیں، نہ دکھوں کے جگنو
ایسی اُجڑی ہوئی سنسان کبھی رات نہ ہو

رُو بہ رُو اُس کے ذرا خود کو سنبھالے رکھنا
یعنی چہرے سے عیاں دُکھ کی کوئی بات نہ ہو

آپ کا دستِ کرم شاخِ ثمر ور نہ رہے
کوئی محتاج اگر قبلۂ حاجات نہ ہو

۴۵

آج تو وہ رُو بہ رُو ایسا کھُلا
جیسے کوئی رازِ سربستہ کھُلا

ڈال کر آتا تو ہے مُنھ پر نقاب
چھوڑ کر جاتا ہے وہ چہرہ کھُلا

ٹوٹ کر بکھرا طلسماتِ سکوت
کوئی آیا گھر کا دروازہ کھُلا

وہ بھری بستی میں تنہا رہ گیا
ہاتھ میں رکھتا تھا آئینہ کھُلا

تشنگی اپنی حدوں کی پاسدار
سامنے بہتا رہا دریا کھُلا

درمیاں دیوار پھر اُٹھی حیاتؔ
پھر ملاقاتوں کا اک رستہ کھُلا

بادلوں کی پھر نوازش ہوگئی
کیسی بے موسم یہ بارش ہوگئی

اب لہو کے رنگ کی برسات ہے
موسموں میں کوئی سازش ہوگئی

پھر سے سب کچھ عرض کرتا ہوں جناب
میں تو سمجھا تھا گزارش ہوگئی

وقت کا احسان یہ بھی کم نہیں
سب دلوں کی ایک خواہش ہوگئی

جرم کرتا کیوں نہ آزادی کے ساتھ
جرم سے پہلے سفارش ہوگئی

جس اُجالے کی طرف دیکھا اندھیرا نکلا
کیا مرے خواب تھے کیا اُن کا نتیجہ نکلا

میں تو خوش ہوں کہ کسی سمت سے پتھر آئے
کوئی تو شہر میں پہچاننے والا نکلا

کس کی آواز اُبھر آئی سکوتِ شب میں
کس کا سایہ در و دیوار سے تنہا نکلا

میں رہا اُس کے لیے وہم و گماں کی صورت
وہ بھی میرے لیے اک دور کا سایہ نکلا

۴۸

ایسا محسوس ہوا اُجڑی فضا میں مجھ کو
جیسے اس دشت سے میرا کوئی رشتہ نکلا

کسی ٹھہرے ہوئے موسم میں کوئی رنگ کہاں
جب فضا بدلی تو موسم بھی سُہانا نکلا

ایک منظر کہ بسا میری نگاہوں میں حیات
اور جو کچھ نظر آیا وہ تماشا نکلا

○

زندگی اور ہو رسوا نہیں دیکھا جاتا
مجھ سے اب اپنا تماشا نہیں دیکھا جاتا

میری آنکھوں میں ہے کس پیاس کا منظر نامہ
مجھ سے بہتا ہوا دریا نہیں دیکھا جاتا

پہلے آنکھوں میں سجاتا ہوں تری رعنائی
مجھ سے منظر کوئی تنہا نہیں دیکھا جاتا

آئینہ قد کے برابر ہو کبھی خواہش تھی
اب یہ عالم ہے کہ چہرہ نہیں دیکھا جاتا

رونقِ گرمیِ محفل جو رہا ہے کل تک
مجھ سے وہ شخص اکیلا نہیں دیکھا جاتا

حُسنِ تعبیر سے عنوان نہیں ملتا حیاتؔ
خواب کوئی بھی ادھورا نہیں دیکھا جاتا

○

منزلوں سے جُدا ہوگیا ہوں
دُھند جیسی فضا ہوگیا ہوں

میری باتیں ہیں سب کی زباں پر
میں بھی اک حادثہ ہوگیا ہوں

لوگ چہرے چُھپاتے ہیں مجھ سے
جیسے میں آئینہ ہوگیا ہوں

میری پہچان کوئی نہیں ہے
اجنبی راستہ ہوگیا ہوں

اپنا قد سب ملاتے ہیں مجھ سے
میں بھی کتنا بڑا ہوگیا ہوں

۵۱

○

کہیں جب کوئی سچائی ملے گی
تو اک دنیا تماشائی ملے گی

انا کی گرد چہرے سے اُتارو
نگاہوں میں پذیرائی ملے گی

اکیلے پن سے کیوں گھبرا رہے ہو
جہاں جاؤ گے تنہائی ملے گی

جہاں تک مورچہ بندی کرو گے
وہاں تک تم کو پسپائی ملے گی

۵۲

توجہ سے سُنو باتوں کو میری
سمندر جیسی گہرائی ملے گی

نظر کا زاویہ بدلو تو شاید
بُرائی میں بھی اچھائی ملے گی

حیات اُس کا کرم چاروں طرف ہے
تمھیں ہر سمت رعنائی ملے گی

۵۳

○

رٹے ہوئے ہیں سبق ہم کتاب کیا کرتے
محبتوں کا پُرانا نصاب کیا کرتے

تمام عمر تو ہم اپنی جستجو میں رہے
کسی کو اور بھلا دستیاب کیا کرتے

یہ بات اپنے مقدر ہی میں نہ تھی شاید
جو چاہتے بھی تو کارِ ثواب کیا کرتے

میں بارِ غم بھی اُٹھاؤں زباں سے کچھ نہ کہوں
یہ حال آپ کا ہوتا جناب کیا کرتے ؟

۵۴

جو دل میں تھا وہ عیاں ہو رہا تھا چہرے سے
ہم اُس سے اور سوال و جواب کیا کرتے

نہ جانے کتنے عذابوں میں مبتلا وہ ہے
ہم اُس سے اپنے غموں کا حساب کیا کرتے

جو خود ہی اپنی فضیلت بیان کرتا ہو
حیاتؔ لوگ اُسے انتخاب کیا کرتے

۵۵

○

رُو بہ رُو اک آئینہ رکھ لے سنورنے کے لیے
پھر کوئی چہرہ لگا بہروپ بھرنے کے لیے

یہ تو موجیں لے کے آجاتی ہیں سطحِ آب پر
کون ہے جو ڈوبتا ہوگا اُبھرنے کے لیے

ہر طرف کانٹے بچھائے جائیں دیواریں اُٹھیں
راستہ بن جائے گا پھر بھی گزرنے کے لیے

کون ہے جو چاہتا ہے بے سرو سامانیاں
کون خود کو جمع کرتا ہے بکھرنے کے لیے

۵۶

اپنی قسمت کی لکیروں ہی میں گنجائش نہ تھی
وہ تو آمادہ تھا ان میں رنگ بھرنے کے لیے

خواہشوں کی بستیاں آباد ہوتی ہیں یونہی
جس طرح ہم زندگی کرتے ہیں مرنے کے لیے

کوئی تو منظر ملے آسودہ حالی کو حیات
کوئی تو صورت نظر آئے بکھرنے کے لیے

۵۷

○

یہ بھی ہے وقت کی خرابی سب
زندگی ہوگئی حسابی سب

اک نظر میں وہ شرمسار ہوا
رہ گئی اس کی بے حجابی سب

زندگی کو سمجھ سکے گا کیا
تجربے اُس کے ہیں کتابی سب

ہم سے بیگانہ ، غیر سے مانوس
حملے اُس کے ہیں یہ جوابی سب

آج گزرا تھا وہ اِدھر سے حیاتؔ
آج منظر ہوئے گلابی سب

۵۸

○

پھول مہکے نہ ستارے نکلے
ہر طرف تیرے نظارے نکلے

زندہ رہنے کے سہارے نکلے
بجھتی آنکھوں سے شرارے نکلے

کچھ اندھیروں سے سکوں بھی پایا
اور کچھ غم بھی ہمارے نکلے

جاگتی آنکھوں سے جو کچھ دیکھا
خواب ہی خواب ہمارے نکلے

جن کو طوفاں میں سہارا سمجھا
وہ بھی بے جان کنارے نکلے

○

اتنی بلندیوں میں تھا دیکھا نہیں گیا
بکھرا پھر اس طرح وہ سمیٹا نہیں گیا

آنکھوں سے میری ہو گیا اوجھل تو کیا ہوا
مجھ سے بچھڑ کے کوئی شناسا نہیں گیا

وہ تھا اُداسیوں کا مُرقع بنا ہوا
مجھ سے تو اُس کا حال بھی پوچھا نہیں گیا

اب اُس کی جستجو ہوئی اُس کی تلاش بھی
پہلے کچھ اُس کے بارے میں سوچا نہیں گیا

اک بار ڈوبتے ہوئے دیکھا کسی کو تھا
پھر اُس کے بعد وہ کبھی دریا نہیں گیا

پیاسی زمیں پہ آ کے گرجتے رہے حیات
لیکن وہ کیسے ابر تھے برسا نہیں گیا

○

گفتگو میں اپنی سچا کون ہے
آسماں سے آج اُترا کون ہے

سب اُسی کے ساتھ ہیں کس سے کہوں
اُس کے آگے میری سُنتا کون ہے

اک وہی ہے شہر میں غم آشنا
وہ نہیں ہے جب تو اپنا کون ہے

قافلہ یادوں کا سب کے ساتھ ہے
اس بھری بستی میں تنہا کون ہے

خوشبوؤں میں بس گئی ساری فضا
اس طرف سے آج گزرا کون ہے

جس طرف دیکھوں نظر آئے حیاتؔ
میری آنکھوں میں یہ رہتا کون ہے

مرے خوابوں نے میری جان لی ہے
یہ میرا قتل ہے یا خودکشی ہے

مرے ہی دست و بازو ہیں مقابل
مرے ہی واسطے خنجر زنی ہے

چھپاں بھی جو کسی کا پاسباں ہے
نہ جانے کیوں اُسے شرمندگی ہے

سمندر آج خالی ہو گیا ہے
نہ سورج ہی میں کوئی روشنی ہے

کدھر دیکھیں کدھر نظریں اُٹھائیں
بڑی بے رونقی بے منظری ہے

(محترمہ اندرا گاندھی کے حادثۂ قتل پر)

شخص

میں صبحِ تازگی اُوڑھے ہوئے گھر سے نکلتا
شام اپنے جسم کو لادے ہوئے
جب گھر میں آتا تھا
مرا بیٹا، مرقع میری خوشیوں کا
بہت معصوم لہجے میں
مری آواز سنتے ہی
خوشی سے چیختا، کہتا
کہ ابّا آگئے میرے، مرے ابّا، مرے ابا
اُچکتا بے تحاشا دوڑ کر
وہ مجھ کو چھُو لینے کی خواہش میں لپکتا
میری ٹانگوں سے لپٹ کر
سر اُٹھاتا
اور پھر

ہاتھوں کو پھیلا کر
بڑی بے تابیوں کے ساتھ میری گود میں آتا
مجھے اک لمس دے کر
جسم کی ساری تھکن کو چوس لیتا تھا
مگر اب وہ
خدا رکھے
مرے قد کے برابر
میرے ارمانوں کا پیکر
میری ڈھارس ہے
میں کب گھر سے نکلتا ہوں
کب اپنے گھر میں آتا ہوں
اُسے معلوم ہوتا ہے
مگر وہ بھی تھکے ماندے بدن سے چُور ہوتا ہے
میں اس کو دیکھتا ہوں جب
وہی معصوم سی صورت مری آنکھوں میں پھرتی ہے
محبّت سے بھرا طوفان میرے دل میں اُٹھتا ہے
میں اس کو پیار کرنے کی تمنا میں
قدم جیسے بڑھاتا ہوں
کوئی حد
کوئی سرحد
درمیاں محسوس ہوتی ہے

سایہ

اندھیرا ہی اندھیرا ہے
اُجالا ہی اُجالا ہے
بسر کرنے کی خاطر
زندگی کی دُھوپ چھاؤں میں
یہ کیسے نِت نئے انمول سے موتی بکھرتے ہیں
امنگوں سے بھرا سورج نئی راہیں دکھاتا ہے
مگر غم سے لدی پرچھائیوں کا کرب
میرے ساتھ چلتا ہے
جدھر سے بھی گزرتا ہوں
وہی سایہ

جو خود اکثر مجھے
میرے بھی قد سے کچھ بڑا دکھلائی دیتا ہے
اُجالوں کی طرف بڑھنے سے پہلے
کیوں
خدا جانے
وہی سایہ
وہی ضدّی اندھیرا
ذہن میں سورج اُگاتا ہے
مرے چاروں طرف منظر سجاتا ہے
مجھے جینا سکھاتا ہے

سفر خوابوں کا

سفر خوابوں کا اچھا ہے
کلی کوئی مہکتی ہے
کوئی جگنو چمکتا ہے
کبھی تاروں کے جھرمٹ میں
کوئی مہتاب سا چہرہ
مجھے آواز دیتا ہے
جب اُس کے پاس جاتا ہوں
وہ مجھ سے دُور ہو جاتا ہے
اور ہنس ہنس کے کہتا ہے
سفر خوابوں کا اچھا تھا
سفر خوابوں کا اچھا ہے

میں اک کورے کاغذ پر
رنگ برنگے رنگ بھروں
پھر اُس کو دیوار پہ کر دوں آویزاں
پہروں اُس کو تکتا جاؤں
اپنے لمحے کھوتا جاؤں
پھر سوچوں
یہ تو سارے رنگ جُدا ہیں
ان کے اپنے رشتے ناطے الگ الگ
ان میں اتنا روپ نکھر کر
کیوں آیا ہے ؟

رشتے

مجھے چاروں طرف درپن صداقت کا نظر آئے
تو اپنے آپ کو دیکھوں
اور اپنے آپ دیکھوں میں بھٹکتی زندگی کے اور بھی چہرے
کسے ماحول کا یہ پُرسکوں منظر میسّر ہے
تقدس رنگ راحت ہے
یہاں سے دور
تھوڑی دور پر
اک شخص آوارہ
اسی بستی میں اک بدنام اپنا نام رکھتا ہے
مرے چاروں طرف کے لوگ

۷۰

اُس کا نام آتے ہی
حقارت سے بپھرتے ہیں
کبھی اُس کے حوالے سے
خود اپنے نفس کی پاکیزگی کا ذکر کرتے ہیں
میں یہ مفہوم کی چٹان
سینے میں چھپائے ہوں
مجھے وہ شخص
جانے کس لیے کیوں یاد آتا ہے
میں اُس سے چاہتا ہوں کیا
مجھے محسوس ہوتا ہے
مجھے اُس کی ضرورت ہے

روپ کنور کے نام

بہت اچھا کیا تم نے
ستی ہو کر فنا ہو کر
تمھارے اس عمل سے لوگ کتنے مطمئن ہوں گے
ہزاروں سال پہلے کی یہی اک رسم تازہ ہے
یقیناً آتما پُرکھوں کی خوش ہو گی
بہت اچھا کیا تم نے

تمھیں جن دوستوں نے مشورہ دے کر
مُجھلستی آگ میں جھونکا
تمھیں زندہ جلا ڈالا

۲

اگر ایسا نہیں ہوتا
اُنہی پتھر دلوں کے درمیاں پھر تم کو جینا تھا
ہزاروں بار مرنا تھا

درندوں سے بھری بستی
نہ جانے کیا غضب ڈھاتی
تمھاری زندگی کے روز و شب آسیب بن جاتے
بہت اچھا کیا تم نے

تمھاری خودکشی میں جاں نثاری کا تصور ہے
خوشی کے ڈھول تاشوں میں
جھلستے جسم کی چیخیں فضا میں گونجتی ہوں گی
کسی نے کب سنی ہوں گی
تمھیں بکھری ہوئی چاروں طرف خونخوار آنکھوں میں
کسی محفوظیت جائے اماں کا شائبہ کب تھا
بہت اچھا کیا تم نے

ستمبر ۱۹۸۷ء

۷۳

یکم جنوری

یہی وہ روزِ اوّل ہے جو پورے سال کی تمہید بنتا ہے
ہماری عید بنتا ہے
یہی سورج کی وہ پہلی کرن جس کے لیے ہم سب
اندھیری رات میں تارے اُگاتے ہیں
خوشی کے گیت گاتے ہیں
نظر آتے ہوئے اس روز کے نورِ فراواں میں
گزشتہ سال کا البم کئی چہرے دکھاتا ہے
ہمیں کچھ یاد آتا ہے
ہم اُس کے خوشنما رنگین پہلو یاد کرتے ہیں
دلوں کو شاد کرتے ہیں

۷۴

غموں کی بھیڑ بد صورت کئی چہرے دکھاتی ہے
طبیعت اُوب جاتی ہے
انہی چہروں کے پرتو میں
مجھے محسوس ہوتا ہے کوئی میرے تعاقب میں
گزشتہ سال کی سرحد پہ آیا تھا
میں اُس سے دُور ہو جانے کی خواہش میں
جدھر جاؤں اُسے پاؤں
مسلسل جستجو بے کیف صحرا سے
بگولہ بن کے اُڑ جاؤں
کہاں ہوں میں کہاں ہے وہ
میں پچھلے سال کی سرحد کو جیسے پار کر آیا

جنم لیتے ہوئے ارماں
اُمنگوں سے بھرا سورج
یہی وہ روزِ اوّل ہے جو پورے سال کی تمہید بنتا ہے
ہماری عید بنتا ہے

خلفشار

کوئی نعمت اگر مل جائے
اور مل کر وہ کھو جائے
تو ہم سب ماننے والوں کی صورت مان لیتے ہیں
یہی قسمت میں لکھا تھا
مگر جب سوچتے ہیں ہم
کہ یہ تحریر کیسی تھی
یہ سب الفاظ کس کے تھے
عجب احساس ہوتا ہے
میں اس کا نام کیا رکھوں
بڑی دشواریوں میں ہوں

روایت

سروں پہ صدیوں کی دُھول اُوڑھے
ہم اپنے پُرکھوں کی آبرو ہیں
شعور، احساس، زخم، گھاتیں
ہمارے جسموں کی لذتیں ہیں
ہماری پرواز
ایک محدود دائرے میں
عبادتوں کا لباس پہنے
نہ جانے کب سے بھٹک رہی ہے
صدائیں معدوم ہو گئی ہیں
فضائیں مقسوم ہو گئی ہیں
زمین چیخے
فلک پکارے
مگر جو ہے وہ وہی رہے گا

ہم وطن پردیسی کے نام

کہو کیسے ہو ؟
میرے دوست تم پر کیا گزرتی ہے ؟
بہت دن ہو گئے لیکن تمھارا خط نہیں آیا
بہت مصروفیت ہے کیا ؟
تم ہم سے دُور بستے ہو
مگر قسمت کے اچھے ہو
تمھاری زندگی میں خوف کا لمحہ نہیں شامل
تمھارے شہر کی آبادیوں میں چہچہاہٹ ہے
لبوں پر مسکراہٹ ہے
ہمیں دیکھو

۷۸

ہم اپنے گھر کے اندر چار دیواری کے سائے میں مقید ہیں
ہمیں فرصت ہی فرصت ہے
ہوا یہ تھا
وہی صدیوں پرانی نفرتوں کی داستاں اُبھری
لٹیروں نے
چمکتی، جگمگاتی، خوبصورت، بستیوں میں آگ برسائی
زمانہ تھا تماشائی
اِدھر لپکے، اُدھر جھپٹے، اِسے لوٹا، اُسے مارا
زمیں چیخی
فضا گونجی
قیامت ہوگئی برپا، اندھیرا چھا گیا
افسردگی، مایوسیاں سب کا مقدر تھیں
جدھر دیکھو اُدھر گرتی ہوئی تہذیب کے منظر
نہ جانے زندگی کتنے عذابوں سے گزر آئی
تم اپنے ہو
تمھیں سب کچھ سُنا ڈالا
مگر تم کیا کہو گے
جب تمہارے کچھ وہاں کے دوست پوچھیں گے
کسی سے کچھ نہیں کہنا
بڑی شرمندگی ہوگی

(کرفیو میں)

زوال شہرت پر ایک نظم

بھروسہ اُٹھ گیا شاید
خود اپنے آپ سے ڈرتا ہوا ہر شخص ملتا ہے
کوئی چہرہ نہیں ایسا
کوئی منظر نہیں ایسا
رفاقت، رہنمائی، پاسبانی کی قسم کھائے
اَدھورا پن
نظر کے سامنے دُشوار راہوں میں
بہت محسوس ہوتا ہے
درختوں سے گرے سوکھے ہوئے پتّے صدا دیں گے
تو رہرو کو ہلا دیں گے
کوئی آہٹ بھی ہو
سنتے ہی جی گھبرانے لگتا ہے
کوئی آسیب پلتا ہے
نہ جانے کیوں
خود اپنے آپ سے بھی اب
بھروسہ اُٹھ گیا شاید

(کرفیو میں)

کبھی سوچا نہیں ہم نے

کبھی سوچا نہیں ہم نے
یہ دنیا کیا کہے گی
ہم اپنے گھر کے اندر
چار دیواری کے سائے میں
بہت محفوظ
خوش فہمی کے عالم میں سمجھتے ہیں
یہاں کوئی نہیں ہے
جو ہمیں دیکھے
ہمیں سمجھے
مگر ہم نے جنھیں بے جان پیکر کی طرح آنکھوں میں رکھا ہے
در و دیوار سمجھا ہے
اگر وہ آئینہ بن کر
فضا میں پھیل جائیں گے
حقارت سے بھرے لہجے
ہمارے روز و شب کی داستاں سب کو سُنائیں گے
ہمارا حشر کیا ہوگا
کبھی سوچا نہیں ہم نے

آواز کا جسم

خدا تم سے بہت خوش ہے
یقیں جانو، کہا مانو
تم اپنی زندگی کی بے سروسامانیوں میں ہو
مگر تابانیوں میں ہو
خدا تم سے بہت خوش ہے
تمھیں سب کچھ دیا اُس نے
کوئی غم ہو تمھارے سائے میں آرام پاتا ہے
تمھیں اپنی خطا کا دُکھ ستاتا ہے رُلاتا ہے
یہی پہچان کیا کم ہے
خدا تم سے بہت خوش ہے
کوئی بے نام خواہش ہو
تمھارے پاس آتی ہے
وہ تم سے نام پاتی ہے

۸۲

تمھارے روز و شب سب کی نگاہوں سے گزرتے ہیں
تمھاری بیخودی آوارگی معصوم لگتی
ہے
بہت مغموم لگتی
ہے
جب اُن کا ذکر ہوتا
ہے
جو پاکیزہ لبادے میں گناہوں کو چھُپاتے ہیں
زمانے کو ستاتے ہیں
وہ اپنی پاک دامانی تمھارے نام سے منسوب کرتے ہیں
فضا مرعوب کرتے ہیں
تم ہی اُن کا وسیلہ ہو
تم ہی اُن کا سہارا ہو
خدا تم سے بہت خوش ہے
متاعِ فن، شعورِ ذات لفظوں میں سموتے ہو
زمینِ شعر میں تم نو بہ نو افکار بوتے ہو
اگر الفاظ کا پیکر بنانے کی کبھی سوچوں
تو معنی خیز اک صورت نظر کے سامنے ہوگی
بتاؤ کون ہوگا وہ
تمھارے نام سے بہتر؟

پورٹریٹ : مخمور سعیدی

کہو وہ شخص کیسا ہے؟

کہو وہ شخص کیسا ہے؟
کہ جس کی گفتگو تیر و تبر کا کام کرتی تھی
اُسے بدنام کرتی تھی
بہت کھلتا تھا وہ سب کو
مگر اب یاد آتا ہے
بڑی سچائیوں کا رس بھی اُس کی سرکشی میں تھا
وہ سب شیریں بیاں والوں میں تنہا
اپنے محسوسات کا اظہار لگتا تھا
بہت بیزار لگتا تھا
ہزاروں زخم کھائے تھے
بڑے دُکھ اُس نے جھیلے تھے
اگر وہ تم کو مل جائے
اُسے میرا پتہ دینا
مرا آداب کہہ دینا

پورٹریٹ : کمار پاشی

ایک پورٹریٹ

وہ اک شفّاف سی چادر کو اوڑھے
اپنے بستر کے اُجالوں میں
خود اپنے خواب کی تعبیر تھا شاید
ہزاروں تجربے اُس کی نگاہوں سے برستے تھے
وہ سب کے درمیاں
گزری ہوئی تہذیب سینے سے لگائے تھا
شکستہ پائی کا احساس
دُکھ دیتے ہوئے لمحے
وہ اک تصویر جو اُس کے سرہانے آئینہ بن کر
اُسے بھولے ہوئے، کھوئے ہوئے منظر دکھاتی تھی
کبھی اُس کو بلاتی تھی
اب اُس تصویر کے پہلو میں آویزاں
اُسی کا عکس
سب سے کہہ رہا ہوگا
نہ جانے کون سے کیا کیا وہ ہم سے کام لیتا ہے
یہی اندھا سفر دانشوری کا نام لیتا ہے

مرزا محمد مصطفےٰ کی وفات پر

۸۵

اُجالا اُس کی قسمت ہے

ہمیں یہ ماننا ہوگا
جہاں بھی ہو
وہ سب کے درمیاں محسوس ہوتا ہے
وہ تخلیقی عمل میں ابتدا سے آج تک
جو کچھ بھی ہے سب میں نمایاں ہے
وہ خود پہچان ہے اپنی
اندھیروں کی طرف اُس کے قدم بڑھنے سے پہلے ٹوٹ جاتے ہیں
وہ سب کچھ بھول جانے کے لیے کچھ یاد کرتا ہے
سمٹتی روشنی، گھٹتی ہوئی تاریکیوں کو جب بُلاتی ہے
گھنیری رات کے سائے فضا میں پھیل جاتے ہیں
تو وہ غرقاب ہوجانے کی خواہش ہیں

۸۶

اندھیروں کے سمندر میں نہاتا ہے
فضا میں ڈوب جاتا ہے
جہاں مایوسیاں ہوں
کوئی بوجھل سے گزرتے وقت کا سایہ
اُداسی، کرب، سناٹا
بس اُس کا نام آتے ہی مسرت پھیل جاتی ہے
طبیعت گنگناتی ہے
شگفتہ، جگمگاتا، ایک نغماتی سراپا
سب کی نظروں میں سماتا ہے
بڑا شاداب لگتا ہے
اندھیروں سے اُسے نفرت
اُجالا اُس کی قسمت ہے
ہمیں یہ ماننا ہوگا

پورٹریٹ : امیر قزلباش

پیمانِ وفا

ہم نے چاہا تھا کہ پُر امن فضاؤں کے تلے
زندگی گلشنِ شاداب بنے پھُولے پھلے

ایک ہی زاویۂ فکر و نظر ہو اپنا
ایک ہی منزلِ مقصود ہو آنکھوں کے تلے

کتنی اس کوششِ پیہم میں لٹا دیں جانیں
تفرقہ دُور ہو مل جائیں سب آپس میں گلے

یوں جہاں کے لیے تصویرِ وفا بن جائیں
دشمنِ امن جو دیکھے کفِ افسوس ملے

۸۸

آؤ پھر عہد کریں دُور کریں بغض و نفاق
خوش نصیبی کا ہو احساس بُرا وقت ٹلے

یہ تو معلوم ہے تم کو بھی اسی دنیا میں
کتنے بدخواہ ارادوں کو یہ ارمان کھلے

ہم نے مِل جُل کے کیا جب کوئی پیمانِ وفا
کتنے دل شاد ہوئے کتنے ہوس کار جلے

اس طرح سوئے ہوئے جاگ رہے تھے ارماں
جس طرح چادرِ مہتاب شبِ غم پہ ڈھلے

پھر فضا میں ہے وہی عہد شکن سی آواز
پھر وہی چھڑنے لگے زہر فشاں نغمہ و ساز

پھر زبانوں پہ وہی شعلہ فشاں باتیں ہیں
پھر بیانات میں ہیں بغض و حسد کے انداز

ہم تصوّر کی بلندی سے بہت خوش تھے حیاتؔ
موت کی سمت مگر لے کے چلی ہے پرواز

سیّاں پیر

اُس کو ہو کس شے کی حاجت سیّاں پیر
جس نے پائی تیری قربت سیّاں پیر

دنیا سے مٹ جائے نفرت سیّاں پیر
ایسی نکلے کوئی صورت سیّاں پیر

بستی بستی چہرہ چہرہ چال کپٹ
بھولی بھالی تیری صورت سیّاں پیر

رنگ برنگے پھولوں کی شادابی تو
خوشبو خوشبو تیری لذّت سیّاں پیر

۹۰

چاروں اُور ہیں گھور اندھیرے خواہش کے
اُجلی اُجلی تیری رنگت سیّاں پیر

آندھی، طوفاں، بارِ غم اک جھونکا سا
نظروں میں ہو تیری سیرت سیّاں پیر

چپّے چپّے پر ہو لکھا میرا نام
نگری نگری تیری شہرت سیّاں پیر

پاشیؔ[1] کو تو تو نے دل سے رام کیا
مجھ پر بھی ہو ایک عنایت سیّاں پیر

اُن کی جانب آس لگائے دیکھ حیاتؔ
بدلیں شاید تیری حالت سیّاں پیر

---

[1] کمار پاشی

تلاش

مرے ضمیر کی چنگاریاں سلگ نہ سکیں
ہزار لفظ و معانی مگر زباں خاموش
خیال ساکت و جامد شعورِ حاصل سے
مرا وجود ہے اپنی نگاہ سے روپوش

مری نظر ہے ابھی وقت کے دریچوں پر
فضا میں بکھرے ہوئے کچھ عجیب سے انداز
نہ جانے کب سے مری جستجو میں پھرتی ہے
خیال و فکر میں اُلجھی ہوئی مری آواز

میں خود سے دُور بہت دُور ایک گوشے میں
سکونِ قلب و نظر جب تلاش کرتا ہوں
تو مجھ کو ایک نئی آرزو ستاتی ہے
میں اُس کے سائے کی آوارگی سے ڈرتا ہوں

تمام خلوت و جلوت کا ایک عالم ہے
کہیں خیال ہے ویراں کہیں نظر کے فریب
نہ روشنی نہ اندھیرا نہ دشت ہے نہ چمن
خلا میں لے کے چلے ہیں یہ بام و در کے فریب

نظر میں کتنے اچھوتے خیال جمتے ہیں
جب ایک زاویۂ زندگی نکھرتا ہے
کبھی خلافِ توقع ہے اس طرح اُمید
بساطِ سنگ پہ جیسے شجر اُبھرتا ہے

بہارِ کیفِ جنوں میں مجھے نظر آیا
غبارِ دشت بھی حُسن و جمال کی صورت
فریبِ آئینۂ رنگ و بو کے عالم میں
میں اپنے سامنے خود ہوں سوال کی صورت

زمانہ مجھ کو تلوّن مزاج کہتا ہے
مرے ضمیر میں پوشیدہ کون رہتا ہے

قناعت

ادا ادا ہے پیامِ جنونِ اہلِ وفا
لبوں کی جنبشِ پیہم سکونِ تلب و نظر
یوں التفات سے اُبھرے نقوش ماضی کے
تصورات میں یکجا ہوں جیسے شام و سحر

بہت حسین ہیں لیکن بہت حسیں تر تھے
یہ ناز و غمزہ و انداز آج سے پہلے
جبینِ وقت نے یہ راز مجھ پہ فاش کیا
جنون و عقل تھے ہم راز آج سے پہلے

بسا ہوا تھا ہیں کتنے لطیف جلوؤں سے
فسونِ حسن کا اعجاز آج پھیکا ہے
وہ ایک ساغر لبریز ہوں کہ جس کے لیے
تمام میکدۂ ناز آج پھیکا ہے

۹۴

بھڑک رہی ہے محبّت کی آگ برسوں سے
اب اس کو اور نہ شعلوں سے ہمکنار کرو
نہ تم کو بھول سکا ہوں نہ بھول سکتا ہوں
مری نظر پہ مرے دل پہ اعتبار کرو

تمام یورشِ غم پر ہے آج صبر و سکوت
نہ کوئی دلولۂ دل رہا نہ جوش و خروش
میں اپنے آپ سے کچھ کہہ رہا ہوں یوں جیسے
ہو نغمہ بار فضا میں حدیثِ دل خاموش

-

دماغِ عیش و مسرّت غبارِ فصلِ بہار
شعورِ لذّتِ غم زندگی کا سرمایہ
یہ چاندنی یہ ستارے یہ بزم نورانی
مگر ہے روشنیِ دل پہ رات کا سایہ

میں اب وہاں ہوں جہاں سے پلٹ نہیں سکتا
بکھر گیا ہوں کچھ اتنا سمٹ نہیں سکتا

عید

ہے تصورِ عید کا عیش و طرب کا جلوہ دار
یعنی یہ تمہیدِ عشرت ہے یہ ہے سازِ بہار

ہوتی ہے جن کی خوشی وابستۂ دامانِ عید
سال بھر تک عید کا رہتا ہے اُن کو انتظار

کتنے چکر کاٹ لیتے ہیں نجوم و ماہ و مہر
تب کہیں ہوتی ہے اک دن کے لیے یہ آشکار

عید کا ہر پھر کے آجانا جو اک معمول ہے
اصل میں ہے یہ ثبوتِ گردشِ لیل و نہار

جب تو یہ نیرنگیاں ہیں عید کی آغوش میں
ایک جانب نرمیِ گُل ایک جانب نوکِ خار

اک طرف سامانِ عشرت سے ہے رونق بزم میں
اک طرف ویران ہے دل اور آنکھیں اشکبار

ہے کہیں دورِ مسرت میں سرورِ زندگی
حصۂ قسمت کہیں صہبائے ہستی کا خمار

کامیابِ آرزو ہو کر کوئی بشاش ہے
کوئی ناکامِ تمنّا حسرتوں کا سوگوار

خیر اے عیدِ مبارک آ ہزاروں سال آ
تھا حیاتؔ خستہ کو تیرے کرم کا انتظار

یہ دن جو قسمت مزدور بن کے آیا ہے
اسی نے حوصلۂ بیکساں بڑھایا ہے

فلک کی گود میں یہ آفتابِ زیرِ فلک
نہ جانے کتنی مُرادوں کو ساتھ لایا ہے

پڑاؤ ڈالے ہوئے تھی دلوں میں تیرہ شبی
اسی شفیق سحر نے اُسے مٹایا ہے

جو بارِ سطوتِ شاہی سے ہو گئی بوجھل
تو اس زمیں نے اک آسمان ڈھایا ہے

۹۸

اسیرِ طوق و سلاسل کے عزمِ پیہم نے
نئی حیات کا پرچم ہمیں دکھایا ہے

وہ رنگ و نورِ چمن کے ساز نے بکھیر دیے
کہ خاکِ دشت کا ہر ذرّہ جگمگایا ہے

یہ سرخ پرچمِ مزدور اک شہادت ہے
لہو میں ڈوب کے اُبھرا تو رنگ لایا ہے

حیاتؔ آج بھی ہے خضرِ راہِ اہلِ طلب
جو بیخودی نے کرشمہ کبھی دکھایا ہے

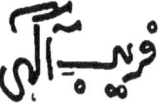

فریبِ آگہی

میں جانتا تھا کہ ان پُر فضا مناظر میں
کچھ اپنے شوق کی بیتابیاں بھی شامل ہیں
یہ کہکشاں یہ چراغاں یہ رنگِ باغ و بہار
سب آرزو ہیں مری جستجو کا حاصل ہیں

میں جانتا تھا کہ اس محفلِ چراغاں میں
نہ جانے کتنے اندھیروں کی روشنی ہوگی
پیامِ عیش و طرب ہے ابھی تو شامِ نشاط
بجھی بجھی سی مگر صبحِ زندگی ہوگی

مجھے خبر تھی کہ اُن مسکراتی آنکھوں میں
بس ایک مستیِ پُر کیف و خود نمائی ہے
نہ کوئی جزوِ نظر ہے نہ کوئی رنگِ خیال
جمالِ حُسن پہ اک بیخودی سی چھائی ہے

غرض شعورِ فریبِ ادا میں آ نہ سکا
میں اپنے آپ کو خود سے مگر بچا نہ سکا

دریاواں رہے (شاعری)   حیات لکھنوی

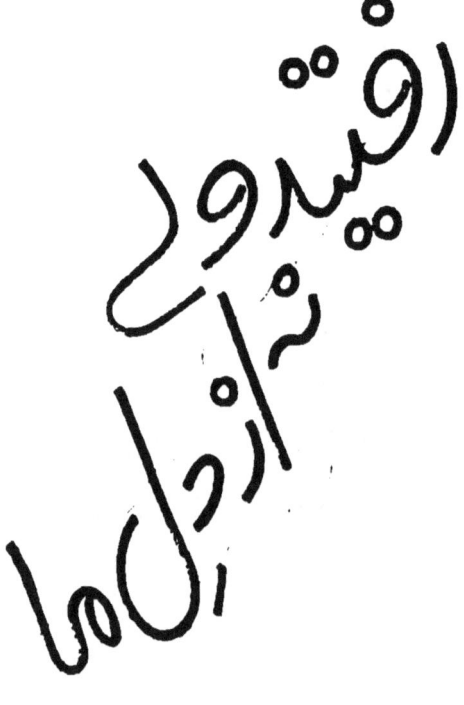

ایک غیر معمولی موت

وہ کوہِ استقامت ٹوٹ کر بکھرا
وہ سورج کے ہوئے ٹکڑے
اندھیرا چار سُو پھیلا ہوا ہے
جو قطرہ قطرہ موجیں مارتا پیاسی زمینوں پر برستا تھا
لہو کا وہ سمندر بہہ گیا طغیانیاں دے کر
یہ کیسی تشنگی، تشنہ لبی ہے
گھنا شاداب سا اک پیڑ
جس کے سائے کی خوشبو زمانے کو معطر کر رہی تھی
کسی نے کاٹ ڈالا ہے
تمازت ہی تمازت ہے

جہاں اوتار پیکر اپنے سینوں میں چھپائے
نیکیوں کے راز لائے ہیں
ہزاروں زخم کھائے ہیں
جدھر دیکھو، اُدھر بھیگے ہوئے مُرجھائے سے چہرے
اُمنڈتے اشک آنکھوں میں
زباں خاموشیوں میں، درد میں، ڈوبی اٹکتی ہے
فضا مغموم بوجھل سی
زمیں سے آسماں تک گونجتی ہے
عجب بے چارگی ہے بیکسی ہے

محترمہ اندرا گاندھی کے حادثۂ قتل پر
نومبر ۱۹۸۴ء

اک آفتاب...

شعاعیں بکھریں تو خوابِ نظر میں ڈوب گیا
اک آفتاب غبارِ سحر میں ڈوب گیا

کچھ ایسے برق و شرر سے تھا اُس کا دل لبریز
خود اپنے قلزمِ جوشِ و اثر میں ڈوب گیا

اُسے بچا نہ سکا اس کا جاں فزا احساس
شعورِ فکر و نظر کے بھنور میں ڈوب گیا

وہ نغمگی وہ لطافت وہ طرزِ شعلہ فشاں
ہنر سمیٹ کے بحرِ ہنر میں ڈوب گیا

نشانِ منزلِ مقصود پا گیا شاید
وہ راہبر جو خیالِ سفر میں ڈوب گیا

نظر نواز ہوا جو بھی منظرِ ہستی
اُسی فضا میں اُنہی بام و در میں ڈوب گیا

جہانِ علم و ہنر سے بٹور کر موتی
اُسی خزانۂ لعل و گہر میں ڈوب گیا

جو اک وسیلۂ اظہارِ دردمندی تھا
وہ آپ اپنے غموں کے بھنور میں ڈوب گیا

فنِ لطیف میں ایجاد اُس کے افسانے
نئے شعور کی روداد اُس کے افسانے

جدید طرزِ ادا میں رموزِ عشق بھرے
دل و نگاہ کی اُفتاد اُس کے افسانے

سُہانے گھر کو خراشوں سے چور بھی دیکھا
حصارِ فکر میں آزاد اُس کے افسانے

۱۰۵

بصیرتوں نے کیا ہے جراحتوں کا سفر
حریفِ فتنۂ بیداد اُس کے افسانے

وہ حرف حرف سے دل کو تراش دیتا ہے
جوابِ تیشۂ فرہاد اُس کے افسانے

قبولیت سے دل اہل زر لرزتا ہے
کہ بیکسی کی ہیں فریاد اُس کے افسانے

یہ فخر کم نہیں اُردو زبان کو حاصل
کہ ہر زباں میں ہیں آباد اُس کے افسانے

بڑی مٹھاس تھی اُس زیرِ لب تبسم میں
حیاتؔ صرف کرو یاد اُس کے افسانے

کرشن چندر کی وفات پر

۱۹۷۷ء

کشتی رواں تھی...

وہ محوِ گفتگو تھا زباں کے بغیر بھی
کشتی رواں تھی آبِ رواں کے بغیر بھی

اک حرف بھی تو اُس نے زباں سے نہیں کہا
سب کچھ عیاں تھا اُس کے بیاں کے بغیر بھی

کتنے ستم چھپائے وہ صبر و سکوں سے تھا
جیسے خزاں رسیدہ خزاں کے بغیر بھی

یہ لازمی نہیں کہ بدن سے لہو گرے
ہوتا ہے قتل تیر و سناں کے بغیر بھی

سازِ نفس میں اس کے عجب نغمگی سی تھی
زندہ ہو جیسے سوزِ نہاں کے بغیر بھی

اُس کی نظر نظر سے جھلکتا تھا اے حیاتؔ
اک اضطراب آہ و فغاں کے بغیر بھی

؎ اپنی چھوٹی بہن اختر سلطان کی وفات پر

لہو لہو ہے فضا...

خودی اب اتنی بڑھی ہے کہ کچھ خبر ہی نہیں
بھروسہ اتنا ہے خود پر کسی کا ڈر ہی نہیں

کہیں تو کس سے کہیں داستانِ غم یار و
کسی کے دل پہ کسی بات کا اثر ہی نہیں

عجیب حال ہوا ہے یہ اُس کے جانے سے
جو اعتبارِ نظر دے کوئی نظر ہی نہیں

سروں پہ دھوپ ہے سایہ کہاں تلاش کریں
اب اُس کے بعد تو ویسا کوئی شجر ہی نہیں

۱۰۸

یہ غم تو سارے زمانے کا غم نظر آیا
لہو لہو ہے فضا میری چشم تر ہی نہیں

وہ اتحاد کا سورج وہ ایکتا کا چراغ
بجھا ہے ایسا کہ روشن کوئی ڈگر ہی نہیں

تمام راستے ویران ہیں نگاہوں میں
کہ سونی سونی فقط اپنی رہگزر ہی نہیں

حدیثِ شامِ غریباں سنیں تو کس سے سنیں
کسی زبان پہ اک حرفِ معتبر ہی نہیں

نظر کے سامنے رستے بھی راہ بر بھی حیاتؔ
مگر یہ دل ہے کہ آمادۂ سفر ہی نہیں

مولانا سید کلب عابد قبلہ اعلی اللہ مقامہٗ

۱۵ر جنوری ۱۹۸۷ء

مکمل آدمی تھا...

سراسر پیکرِ حق آگہی تھا
جبھی وہ عاشقِ آلِ نبیؐ تھا

عجب تابندگی تھی اُس کے رُخ پر
کسی محفل میں ہو وہ روشنی تھا

جسے کہتے ہیں سب مصرا حسینی
بڑا دلکش مکمل آدمی تھا

نفاست کوٹ کر اُس میں بھری تھی
بہت سُتھرا مذاقِ زندگی تھا

۱۱۰

وہ اپنے زخم ہوں یا دوسروں کے
کچھ اُس کا کام ہی چارہ گری تھا

مزاج اس کا حسینیت کا حامل
بیاں آئینۂ شائستگی تھا

کچھ ایسا ضم ہوا وہ دوستی میں
خلاصہ اعتبارِ جعفری[۲] تھا

حیاتؔ اوصاف اُس کے کیا بیاں ہوں
سراپا وہ شعارِ حیدری تھا

---

[۱] آنجہانی جسٹس ویاس دیو مصرا
۲۸ / اکتوبر ۱۹۸۰ء

[۲] پدم شری سید حسین علی جعفری

...خدا کے گھر وہ گیا

اُدھورے کام تھے جتنے تمام کر وہ گیا
خُدا کے گھر کو بنا کر خُدا کے گھر وہ گیا

ہمیشہ اُس کو سعادت نصیب ہوتی رہی
ہمیشہ حق و صداقت کی راہ پر وہ گیا

بہت حسین ہیں اوراقِ زندگی لیکن
جو تھا دلوں کے لیے حرفِ معتبر وہ گیا

اب آؤ مل کے کریں اپنی جستجو یارو
جو خضرِ راہ تھا اک اپنا ہم سفر وہ گیا

۱۱۲

نہ جانے کیوں ہمیں ایسا خیال آتا ہے
نہ جانے کیا ہوا ہم سے کہ روٹھ کر وہ گیا

اُنھیں بھلا نہ سکا آخری سفر اُس کا
وہ روز و شب جو یہاں پر گزار کر وہ گیا

یہ اتفاق تو سب ہی کریں گے مجھ سے حیات
جو باشعور تھا اور صاحبِ نظر وہ گیا

سیٹھ رجب علی مغفور، بانیِ تعمیر مسجد امامیہ ہال نئی دہلی
۱۶ر نومبر ۱۹۸۶ء

دریا رواں رہے

حیات لکھنوی

حیات لکھنوی

دریا رواں رہے (شاعری)

"آپ کا کلام پڑھ کر آپ کے والد بزرگوار عزیزؔ لکھنوی مرحوم کی یاد آتی ہے۔ حالانکہ آپ کے اور عزیزؔ مرحوم کے کلاموں میں اتنا ہی فرق ہے جتنا آپ دونوں کے درمیان زمانی فاصلے کے لحاظ سے ہونا چاہیے۔ لیکن آپ دونوں میں ایک اہم مماثلت بھی ہے۔ عزیزؔ مرحوم لکھنؤ کی کلاسیکی شعری روایت کے پروردہ تھے لیکن ان کا کلام اپنے زمانے سے ہم آہنگ تھا اور ناسخؔ و آتشؔ، جلالؔ و شادؔ وغیرہ سے زیادہ غالبؔ کی یاد دلاتا تھا۔ آپ نے بھی اپنی موروثی شعری روایت کا پورا لحاظ رکھتے ہوئے خود کو اپنے عہد سے ہم آہنگ رکھا ہے۔ فن کی پختگی کے لحاظ سے آپ اُس روایت کے اساتذہ کی یاد دلاتے ہیں لیکن فکر کی تازگی کے اعتبار سے اپنے معاصر رجحانات کی نمائندگی کرتے ہیں جس کا اظہار آپ کے سابق مجموعۂ کلام "ندی کے پار کا منظر" کے نام ہی سے ہو جاتا ہے۔ اُس مجموعے کا بڑی گرم جوشی کے ساتھ خیر مقدم ہوا تھا اور اسے پڑھ کر آپ کے اگلے مجموعے کا اشتیاق پیدا ہو گیا تھا۔ خوشی کی بات ہے کہ یہ مجموعہ (دریا رواں رہے) تیار ہو گیا ہے۔ یقین ہے کہ اس کا خیر مقدم بھی اُتنی ہی، بلکہ زیادہ گرم جوشی کے ساتھ ہو گا۔"

(پروفیسر) **نیر مسعود**

ادبستان، دین دیال روڈ، لکھنؤ ۲۲۶۰۰۳

۱۲ مارچ ۱۹۹۲ء